難何問クリア!? なぞときワールド

コーラル&アメシスト
カタカナ引き算のなぞをときこう

児島勇気（著）

ようこそ！ なぞときワールドへ

わかるとうれしい、とけると楽しい、なぞときワールド。

難問、何問クリアできるかな？

クリアすると、レベルの数の宝石が手に入るよ。

なぞときにチャレンジして、たくさん宝石を集めよう！

もんだいのページをめくると、うらにこたえと解説がのっているよ。

こぎ出そう！ うるわしの コーラル・ワールドへ

コーラルは、英語で珊瑚のこと。日本名も「珊瑚」。
海にすむ小さな生物の骨格が集まって、枝のように育ったものだよ。
光が届かない深海でゆっくり成長したコーラルの一部が、
赤やピンクのきれいな宝石になるんだ。

なぞをといて、うるわしのコーラルを手に入れよう！

これはある入れ物を
表しているよ。
何だかわかる？

【ヒント】
ベランダに
置いている
家も……

植木鉢
<small>うえきばち</small>

うえ木
<small>き</small>

8

はち

上にある木→うえ木→植木
<small>うえ き うえき</small>
植木と8（はち）で、植木鉢だよ。
<small>うえき うえきばち</small>

？に入る数字は、
3つのうちのどれかな？
なぞの文を読みとこう。

ろの　　　　　　どは？ ℃

20 ｜ 40 ｜ 60

【ヒント】
電球は
どうなって
いる？

こたえ

40

オフ　　　オン

おふろの　おんどは40℃

お風呂の温度は40℃がいいね！

これは何と読むか、わかるかな？

【ヒント】
釜に
はさまれて
いるよ

カリスマ

か

リス

ま

かま(釜)にリスがはさまれているから、カリスマ。

なぞとき
04
レベル ●●●

もんだい

？にはある国（くに）の名前（なまえ）が入（はい）るよ。
どこの国（くに）かわかるかな？

？で紳士（しんし）でありたい

【ヒント】
後（うし）ろからも
読（よ）んでみよう

なぞとき
05
レベル ●●

もんだい

なぞの文（ぶん）、体（からだ）のどこかを
表（あらわ）しているよ。どこかな？

9月（がつ）になると土（つち）になる

【ヒント】
く・が・つ

イタリア

――――――――――――◆――――――――――――

前から読んでも後ろから読んでも同じ、回文だよ。

くち
口

――――――――――――◆――――――――――――

「くち」の「く」が「つ」になると、「つち」になる。

？はある場所を表しているよ。どこかな？矢印のなぞを読みとこう。

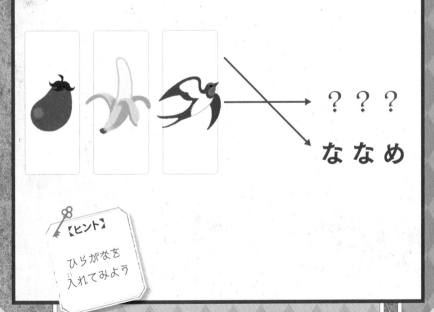

砂場
(すなば)

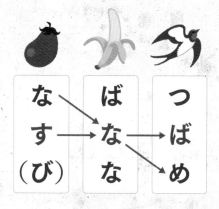

矢印（やじるし）のように、ななめに読（よ）むと「ななめ」、
横（よこ）に読（よ）むと「すなば」だよ。

この都道府県、
どこだかわかる？

【ヒント】
岩の間に
しかが！

13

石川県

いわ(岩)にはさまれたしか→いしかわ。石川県だよ。

この都道府県、どこだかわかる？

【ヒント】
すべて
1文字ちがいに
なっているよ

香川県

いか	いわ
かに	わに
たかし	たわし

「か」が「わ」になっている→かがわ。香川県だよ。

表彰台のなぞをとこう。
どこの電話番号かわかる？

【ヒント】
1位に
なっている
星は？

消防署
しょうぼうしょ

1位
い
地球
ちきゅう

1位地球 → いちいちきゅう → 119は消防署。
いちきゅう　　　　　　　　　　　　　　　しょうぼうしょ

「ある・なし」のなぞをとこう。
「ある」の共通点は何かな?

［ある］	［なし］
水	茶
あぶら	酢
いも	こめ
かぶと	よろい

【ヒント】
後ろに何か
つけてみよう

19

後ろに「虫」をつけると
別のことばになる。

水虫

あぶら虫

いも虫

かぶと虫

「ある・なし」のなぞをとこう。
「ある」の共通点は何かな？

[ある] [なし]

前（まえ）　後（うし）ろ

すもう　空手（からて）

時計（とけい）　電話（でんわ）

たて　よこ

最初に「腕」をつけると
別のことばになる。

腕前
うで まえ

腕ずもう
うで

腕時計
うで ど けい

腕たて
うで

この式、まちがっている！ マッチ棒を1本動かして、正しい式にしてね！

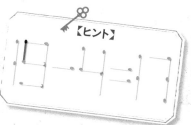

【ヒント】

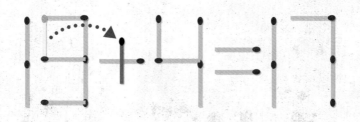

9の<ruby>た<rt></rt></ruby>て<ruby>棒<rt>ぼう</rt></ruby>を<ruby>動<rt>うご</rt></ruby>かして、－を＋にしよう。

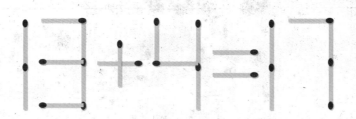

<ruby>正<rt>ただ</rt></ruby>しい<ruby>式<rt>しき</rt></ruby>になったよ！

この式、まちがっている！ マッチ棒を1本動かして、正しい式にしてね！

【ヒント】

8の<ruby>縦<rt>たて</rt></ruby>棒を<ruby>動<rt>うご</rt></ruby>かして、5を6にしよう。

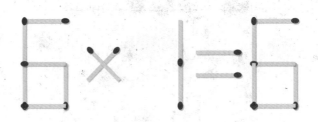

<ruby>正<rt>ただ</rt></ruby>しい<ruby>式<rt>しき</rt></ruby>になったよ！

これはいったい何のこと？
なぞの文を読みとこう。

めはあるけど、てはない。

ははあるけど、くちはない。

はなはあるけど、みみはない。

【ヒント】
「め」は
見るじゃなく、
出る

植物
（しょくぶつ）

め → 芽（め）

は → 葉（は）

はな → 花（はな）

芽・葉・花があるのは、植物だよ。

上と下の？？？？には、
同じことばが入るよ。
何かな？

？？？？＝数百円

まい？？？？＝数億円

【ヒント】
学校でも
使うものだよ

29

ぞうきん

<ruby>雑巾<rt>ぞうきん</rt></ruby>＝<ruby>数百円<rt>すうひゃくえん</rt></ruby>

<ruby>埋蔵金<rt>まいぞうきん</rt></ruby>＝<ruby>数億円<rt>すうおくえん</rt></ruby>

コーラル・ワールドはここでお別れ。何問クリアできたかな？
手に入れたコーラルは、幸福や長寿のシンボル。
幸運や富をもたらし、心を整えてくれる力があるとも言われているよ。
美しい海でしか育たないコーラル。大切にしたいね。

レッツゴー！
まばゆい
アメシスト・ワールドへ

アメシスト（アメジスト）は水晶の一種で、透明感のある紫色の宝石。
名前は、ギリシャ語の「酒に酔わない」ということばから来ている。
酔わない効果があると信じられていたんだ。日本名は「紫水晶」だよ。
なぞをといて、まばゆいアメシストを手に入れよう。

もんだい

割り算のなぞをとこう。
❓に入る漢字は何かな？

渋 ÷ 10 ＝ 北

渋 ÷ 2 ＝ 津

津 ÷ 5 ＝ ❓

ヒント
2024年に
新しくなるものだよ

なぞとき

16

こたえ

北（きた）

渋（しぶ）　10000

津（っ）　5000

北（きた）　1000

漢字（かんじ）は、2024年（ねん）に新（あたら）しくなる日本（にほん）の
お札（さつ）に描（えが）かれた人物（じんぶつ）を表（あらわ）しているよ。

渋→渋沢栄一（しぶさわえいいち）（1万円札（まんえんさつ））、津→津田梅子（つだうめこ）（5千円札（せんえんさつ））、
北→北里柴三郎（きたさとしばさぶろう）（千円札（せんえんさつ））。
漢字（かんじ）をお札（さつ）の数字（すうじ）にかえて計算（けいさん）してみよう。

34

なぞとき
17

レベル ◆◆

もんだい

?に数字を入れると、
食べ物になるよ。
何だかわかる？

ヒント
345を入れると？

例——15＝いちご

？たら？だん？

なぞとき
18

レベル ◆◆◆

もんだい

?をつなげて読むと
野菜になるよ。何かな？

秋　群　島　宮
？　？　？　？

ヒント
秋は
「た」だよ

なぞとき
17

こたえ

みたらしだんご

み　　　　し　　　ご
3たら4だん5。

なぞとき
18

こたえ

たまねぎ

あき た　　ぐん ま　　しま ね　　みや ぎ
秋田　群馬　島根　宮城
けんめい　　　　つく
県名を作ってね。

もんだい

タイルのなぞをとこう。
?に入_{はい}るアルファベット、
わかるかな？

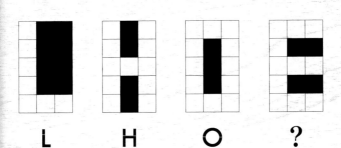

L　　H　　O　　？

ヒント
ずーっと
ながめていると、
見_みえてくるかも！

なぞとき

19

こたえ

E

L H O E

LHOE

白いところを見てね！
目を細めるともっとよくわかるよ。

38

レベル

もんだい

?に入る
カタカナは何かな？
引き算のなぞをとこう。

ダイ － ロ ＝ ム

ミギ － ロ ＝ ナ

アニ － ロ ＝ ?

ヒント
漢字に関係が……

こたえ

ル

ダイ（台<ruby>だい</ruby>）－ロ＝ム

ミギ（右<ruby>みぎ</ruby>）－ロ＝ナ

アニ（兄<ruby>あに</ruby>）－ロ＝ル

漢字<ruby>かんじ</ruby>から口を引<ruby>ひ</ruby>くとカタカナになるね。

もんだい

?に入る
ひらがなは何かな？
カタカナとひらがなの
なぞを読みとこう。

ヒント

カタカナを
合体すると……

タタ ＝ た

ケケ ＝ たけ

ロロ ＝ ？？る

なぞとき
21

こたえ

> まわ

タタ＝多

タタ＝多（た）
ケケ＝竹（たけ）
ロロ＝回（まわ）る

同（おな）じカタカナを合体（がったい）させると
漢字（かんじ）になるよ。

42

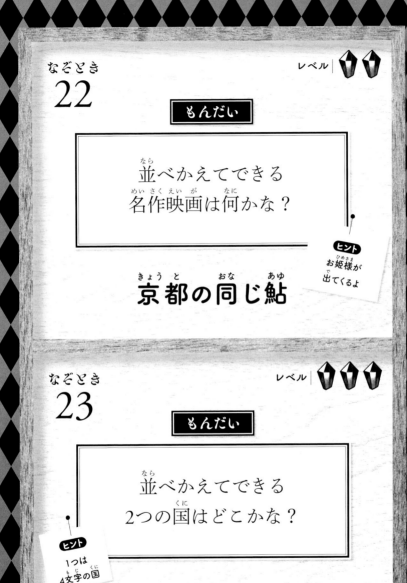

レベル

もんだい

並べかえてできる
名作映画は何かな？

ヒント
お姫様が
出てくるよ

京都の同じ鮎

レベル

もんだい

並べかえてできる
2つの国はどこかな？

ヒント
1つは
4文字の国

インドア知りたい姉

なぞとき
22

こたえ

アナと雪の女王
（ゆき）（じょおう）

きょうとのおなじあゆ
並（なら）べかえると、
あなとゆきのじょおう

なぞとき
23

こたえ

イタリア
インドネシア

いんどあしりたいあね
並（なら）べかえると、
いたりあ　いんどねしあ

もんだい

体がものすごく
かゆくなってしまう式が
あるんだって。
どんな式かわかる？

ヒント
運動会で
やることもある

なぞとき
24

こたえ

開会式
（かい かい しき）

かいかい式（しき）だよ。

46

なぞとき
25

レベル |

もんだい

らっぱなのに、
広くて走り回れるって、
どんならっぱ？

ヒント
広い空き地を
何というかな？

なぞとき
26

レベル |

もんだい

とられているのに
笑っている。
これは何だろう？

ヒント
とる人が
笑わせてくれる

47

なぞとき
25

こたえ

原っぱ

広いらっぱは、原っぱだね。

なぞとき
26

こたえ

写真

カメラを向けて
「はい、みんな笑って！」って言うね。

レベル

もんだい

真ん中の ？ に
漢字1文字を入れて
▶ の方向に読むと、
4つのことばができる。
？ に入る漢字と
4つのことば、わかるかな？

生
▼
部▶ ？ ▶動
▼
用

ヒント
？ の漢字の読み方は
全部同じだよ

なぞとき
27

こたえ

活（かつ）

生
部▸活▸動
用

生活・部活・活動・活用
せいかつ・ぶかつ・かつどう・かつよう

レベル

もんだい

真ん中の ? に
漢字1文字を入れて
▶ の方向に読むと、
4つのことばができる。
? に入る漢字と
4つのことば、わかるかな？

体
▼
教 ▶ ? ▶ 成
▼
児

ヒント
? の漢字の読み方は
全部同じだよ

なぞとき
28

こたえ

育（いく）

体
▼
教 ▶ 育 ▶ 成
▼
児

体育・教育・育成・育児

なぞとき
29

レベル

もんだい

?に同じ文字を入れて、
ことばを作ろう。

フ？ーツタ？ト

ヒント
甘くておいしい

なぞとき
30

レベル

もんだい

?に同じ文字を入れて、
ことばを作ろう。

ヒント
速い乗り物

し？か？せ？

なぞとき
29

こたえ

ル

フルーツタルト

なぞとき
30

こたえ

ん

しんかんせん ┈▶ 新幹線

なぞとき
31

レベル

もんだい

バラバラになった漢字を
組み合わせて、できる
ことばは何かな？

ヒント
立心日
目ル

目 立 ル 心 日

なぞとき
32

レベル

もんだい

バラバラになった漢字を
組み合わせて、できる
ことばは何かな？

言 今 心 己

ヒント
言己
今心

55

なぞとき
31

こたえ

意見
（い）（けん）

立と心と日で意、
目と儿で見になるよ。

なぞとき
32

こたえ

記念
（き）（ねん）

言と己で記、
今と心で念になるよ。

レベル

もんだい

花子さんは毎日毎日
ピアノの練習をしている。
なのに、どれだけ練習しても
まったくうまくならない。
なぜだろう？

ヒント
いじわる
もんだいだよ！

なぞとき
33

こたえ

ドとレの音だけを
練習しているから。

ドレだけ練習しても
うまくならないね。

なぞとき
34

もんだい

花束を2束と3束、
合わせると何束になる？

ヒント

ひっかけ
もんだいだよ！

なぞとき
34

こたえ

1束（たば）

5束（たば）？

ちがうよ。

合わせたので1束（たば）。

なぞとき
35

レベル

もんだい

エベレスト登頂に成功した
登山家たちは、
その後、必ずする
共通のことがあるという。
それは何？

ヒント
ひっかけ
もんだいだよ！

なぞとき
35

こたえ

下山（げざん）

必ず山を下りるから。

アメシスト・ワールドはここまで。難問クリアできたかな？
手に入れたアメシストは、誠実や心の平和のシンボル。
疲れた心をいやしたり、後ろ向きな気持ちを
しずめる力があると言われているよ。
古くから気高い石とされるアメシスト。いいことがありそうだね。

著者————児島勇気 ✤ こじま・ゆうき
クイズ作家。書籍、イベント、テレビ、ラジオなどに幅広いジャンルのクイズを提供している。TBS系情報番組「あさチャン」「THE TIME」のクイズコーナーの問題制作を担当。自身で運営するサイト「なぞなぞnazo2.net」も月間PV1000万以上と大人気。
https://www.nazo2.net/

イラスト————宮崎ひかり
編集————秋山浩子
デザイン————小沼宏之［Gibbon］

難問つづき!?
なぞとき
ワールド
コーラル&アメシスト
カタカナ引き算のなぞをとこう ほか

2024年3月 初版第1刷発行

著者————児島勇気
発行者————三谷光
発行所————株式会社汐文社
〒102-0071
東京都千代田区富士見1-6-1
TEL 03-6862-5200 FAX 03-6862-5202
https://www.choubunsha.com
印刷————新星社西川印刷株式会社
製本————東京美術紙工協業組合

ISBN978-4-8113-3098-3